Leo & Co.

Der Einbruch

INHALT

DIE HAUPTPERSONEN DIESER GESCHICHTE:

Veronika und Klaus Meier

Klaus Meier und seine Tochter Veronika haben zusammen die KFZ-Werkstatt *Meier & Meier*.

Veronika lebt und arbeitet bei ihrem Vater. Ihre kleine Tochter Iris erzieht sie allein.

Ein neuer Kunde bringt Veronika ziemlich durcheinander.

Jochen Eckert

Jochen Eckert sieht gut aus, hat beste Manieren und interessiert sich für Kunst und andere schöne Dinge im Leben.

Als er seinen Aston Martin in die Werkstatt *Meier & Meier* bringt, gehen die Uhren dort plötzlich anders.

Leo

Leo ist eigentlich Maler. Aber er ist auch ein leidenschaftlicher Koch. Und vor ein paar Jahren hat er sein Hobby zum Beruf gemacht. Seine Kneipe *Leo & Co.* ist ein gemütliches Lokal, in dem man gut und preiswert essen kann.

Alles ist gut, doch dann wird in Leos Kneipe eingebrochen.

Benno

Benno wohnt bei Leo im Haus, über der Kneipe. Weil er Leo manchmal hilft, muss er nicht viel Miete bezahlen.

In der Kneipe passiert ein Einbruch und Benno ist sicher: Er kennt den Täter!

Felipe

Felipe ist 17 Jahre alt und Weltmeister im Organisieren.

Er geht noch zur Schule, aber ungern. Denn nebenbei hat Felipe viel zu tun.

Im Moment repariert er die Telefonanlage bei *Leo & Co.* Und Aufträge erledigt Felipe zuverlässig!

Anna und Gertrude Sommer

Gertrude Sommer wohnt mit ihrer Enkelin Anna zusammen. Anna ist Studentin und jobbt in Leos Kneipe.

Oma Trude, wie alle sie nennen, mag ihre Enkeltocher Anna sehr. Nur manchmal braucht Anna ein bisschen Nachhilfe, z. B. beim Thema Sprach- und Tischkultur.

„Dreitausendzweihundertzehn, dreitausendvierhundertachtzig, dreitausendfünfhundert ..."
Veronika Meier zählt die Einnahmen zusammen.
Zwei- bis dreimal pro Woche bringt sie die Barzahlungen der Kunden auf die Bank.
„Viertausendzweihundertfünfzig!"
Veronika Meier ist Kfz-Mechanikerin und führt zusammen mit ihrem Vater Klaus die Kfz-Werkstatt *Meier & Meier.*
Veronika hat eine kleine Tochter, Iris. Opa Klaus bringt sie gerade in den Kindergarten.

„Veronika!"
„Viertausendvierhundert - was ist los?"
„Sieh mal aus dem Fenster! Boah!!!!"
„Viertausendsechshundert. Gleich, ich habe gerade keine Zeit."
„Schnell, das musst du sehen!", ruft Ralf aus der Werkstatt und rennt ins Büro.
Ralf arbeitet als Mechaniker bei *Meier & Meier.* Veronika legt die Geldscheine in einen Umschlag, schreibt die Summe darauf und geht schnell zum Fenster.

Ein Aston Martin fährt langsam in den Hof.
Der Wagen hält und ein Mann steigt aus.

„Olala!", murmelt Veronika und sieht sich den Mann genau an: Er ist ungefähr 1 Meter 85 groß, hat dunkle, kurze Haare und trägt einen Anzug.

„Armani!", stellt Veronika fest und überlegt, an wen sie dieser gut aussehende Mann erinnert.

„George Clooney!", ruft Veronika.

„Quatsch", antwortet Ralf, „James Bond!"

„Unsinn, der Typ sieht aus wie George Clooney!"

„Ach so. Aber der Wagen ist ein Aston Martin, Baujahr 1965. James Bond hat so einen Wagen."

„Guten Tag!"

„Guten Tag. Sie wünschen?"

„Bin ich hier richtig bei *Meier & Meier*?"

„Goldrichtig![1]", denkt Veronika. „Ja, *Meier & Meier*. Ich bin Veronika Meier. Was kann ich für Sie tun?"

„Herr Wagner hat mir Ihre Werkstatt empfohlen."

„Herr Wagner?", fragt Veronika unsicher.

„Der Typ mit dem Jaguar, du weißt schon", flüstert Ralf.

„Ach ja, Herr Wagner! Wie geht es Herrn Wagner? Hat er nicht einen Jaguar E-Type?"

„Mein Gott", denkt Veronika, „was rede ich bloß für einen Unsinn!" Aber sie lächelt den Kunden freundlich an.

„Entschuldigung, ich habe mich noch gar nicht vorgestellt. Eckert. Jochen Eckert!"

Der Mann gibt Veronika die Hand.

„Meier, Veronika Meier. – Wie kann ich Ihnen helfen, Herr Eckert?"

„Könnten Sie meinen Wagen mal durchchecken[2]? Ich glaube, es gibt ein kleines Problem mit den Bremsen."

1 *goldrichtig: sehr richtig, genau richtig*
2 *durchchecken: genau prüfen, untersuchen, kontrollieren*

„Mit den Bremsen? Aha. Also, der wirkliche Spezialist für Oldtimer[3] ist mein Vater. Er ist nur gerade nicht da. Es kann noch eine halbe Stunde dauern, bis er zurück ist."
„Kein Problem. Ich habe Zeit." ❯Ü1

Veronika geht zu ihrem Schreibtisch zurück und sortiert Rechnungen, Auftragsbestätigungen, Belege und Quittungen.
Ihr Schreibtisch und die beiden Stühle sind voll mit Papier.
Herr Eckert bleibt also stehen und sieht sich ein bisschen im Büro um.
Er deutet auf ein Foto.
„Ihre Tochter?"
„Ja, meine Tochter Iris."
„Hübsch wie die Mutter!", lächelt Herr Eckert.
Veronika lächelt verlegen zurück.

3 *der Oldtimer:* ein altes, oft seltenes, wertvolles und teures Auto

11

„Entschuldigung, wo habe ich nur meinen Kopf! Möchten Sie nicht Platz nehmen?"

Veronika räumt hastig einen Stuhl frei.

„Hier sieht es gerade ein bisschen chaotisch aus und unsere Kaffeemaschine ist leider auch kaputt. Ich kann Ihnen nicht einmal eine Tasse Kaffee anbieten."

„Bitte machen Sie sich keine Umstände! Ich habe in der Nähe ein kleines Lokal gesehen. Vielleicht warte ich besser dort. Ich möchte Sie nicht von der Arbeit abhalten[4]."

◗Ü2

„Ach, Sie meinen sicher Leo. Er macht einen hervorragenden Kaffee."

Veronika wirft einen Blick auf ihren Schreibtisch.

„Kaffee wäre herrlich! – Haben Sie etwas dagegen, wenn ich mitkomme?"

„Ganz im Gegenteil", strahlt George Clooney, „gern!"

Und so nimmt Veronika ihre Jacke und schreibt noch schnell einen Zettel.

Beim Hinausgehen klebt sie ihn an die Bürotür:

Paps[5],
bin mit Kunden
bei Leo

---

4 *jmd. von der Arbeit abhalten: jmd. bei der Arbeit stören*
5 *Paps*: Abkürzung/Koseform von *Papa*

2

Veronika und Herr Eckert gehen zu *Leo & Co.*
An zwei Tischen sitzen Leute beim Frühstück und lesen Zeitung.
Leo & Co. ist ein gemütliches Lokal, in dem man gut und preiswert
essen kann.
Der Besitzer heißt Leo. Leo ist eigentlich Maler. Aber er ist auch
ein leidenschaftlicher Koch. Und vor ein paar Jahren hat er sein
Hobby zum Beruf gemacht.
Veronika geht zu einem Tisch am Fenster.

„Darf ich?", fragt Herr Eckert und nimmt Veronika die Jacke ab.
Dann rückt er ihr den Stuhl zurecht.
„Ein Gentleman", denkt sie.
Herr Eckert blättert in der Frühstückskarte.
„Da bekommt man richtig Appetit. Ich nehme das englische
Frühstück: Toast, Rührei und Marmelade. Und Sie? Wissen Sie's
schon?"
„Ja, einen Cappuccino. Es gibt weit und breit keinen besseren."

„Hallo, Veronika! Guten Morgen."
„Guten Morgen, Leo. – Darf ich vorstellen: Herr Eckert, ein
Kunde. – Leo.
„Eckert, guten Morgen."
Jochen Eckert steht auf, gibt Leo die Hand und setzt sich wie-
der.
Leo sieht den Mann an und grinst: „Was darf es denn sein?"

„Wir hätten gern zwei Cappuccini und für mich das englische Frühstück, bitte."

„Gern! Kommt gleich."

Veronika denkt über die Pluralform von Cappuccino nach. Sie hätte zwei Cappuccinos bestellt, aber Herr Eckert scheint ein Mann von Welt zu sein.

Jochen Eckert sieht sich derweil im Lokal um. Überall an den Wänden hängen Bilder.

Gleich neben dem Tisch hängt ein großes abstraktes Bild. Rechts

◗Ü3 unten liest er die Signatur: *Leo*.

Leo kommt mit einem Tablett an den Tisch.

Er stellt einen Cappuccino vor Veronika und legt eine Serviette daneben.

Dann geht er um den Tisch und stellt den anderen Cappuccino und das englische Frühstück vor Herrn Eckert.

„Guten Appetit!", sagt Leo.

„Danke! Entschuldigung, Herr Leo, Sie sind Maler?"

Leo bleibt stehen.

„Ja", antwortet er zögerlich.

„Also, diese Arbeit hier, die ist phantastisch!"

Leo schmunzelt. „Mir gefällt sie auch."

„Haben Sie ähnliche Arbeiten, vielleicht etwas kleiner?"

Leo überlegt.

„Jetzt frühstücken Sie doch erst mal, und wenn Sie mögen, können wir anschließend gern in mein Atelier gehen."

Jochen Eckert sieht auf seine Uhr.

„Hm, das wird zu knapp. Ich habe um elf einen Termin."

„Mein Atelier ist gleich im ersten Stock."

„Ach so."

Veronika sieht auch auf ihre Armbanduhr.

„Oh, schon so spät! Ich muss leider zurück in die Werkstatt. Mein Vater ist bestimmt schon da. Wir sehen uns dann nach dem Frühstück? Aber lassen Sie sich bitte Zeit[6]."

„Hm." Jochen Eckert sieht noch einmal auf seine Uhr. „Das wird wirklich sehr knapp. Ihr Vater kann sich den Wagen aber auf jeden Fall schon einmal ansehen und ich melde mich heute Nachmittag bei Ihnen. Geht das?"

6 *Lassen Sie sich Zeit!*: keine Hektik, kein Stress, keine Eile. hier: *Essen Sie in Ruhe zu Ende.*

„Aber natürlich", antwortet Veronika höflich und nimmt ihr Portemonnaie aus der Jackentasche.

„Sie sind selbstverständlich eingeladen", sagt Herr Eckert, bevor Veronika nach Leo rufen kann.

„Oh, vielen Dank."

⊘Ü4

Veronika steht auf und nimmt ihre Jacke.

„Moment!", ruft Herr Eckert und springt auf. Er möchte Veronika in ihre Jacke helfen.

Dabei stößt er gegen den Tisch und der Rest seines Cappuccinos spritzt auf Veronikas Hose.

„Um Himmelswillen! Wie ungeschickt von mir! Ich bin untröstlich[7] ..."

„Kein Problem. Dafür gibt's ja Waschmaschinen."

„Nein! Bitte geben Sie Ihre Hose in die Reinigung. Ich komme selbstverständlich dafür auf.[8]"

7 *ich bin untröstlich:* Ausdruck des großen Bedauerns, *es tut mir wirklich sehr leid*
8 *ich komme dafür auf:* hier: *ich bezahle die Reinigung*

16

„Schon gut, Herr Eckert."
Jochen Eckert begleitet Veronika bis zum Ausgang.
Er hält ihr die Lokaltür auf und verabschiedet sich noch einmal.

Jochen Eckert geht zur Theke und ruft:
„Entschuldigung! Ich möchte bitte bezahlen."
„Moment!", ruft Benno aus der Küche.
Benno stellt das schmutzige Geschirr in die Spülmaschine. Er
wohnt in einem kleinen Appartement über dem Lokal. Er zahlt
wenig Miete, dafür hilft er Leo manchmal in der Kneipe.
Er kommt zur Theke und mustert[9] den Mann im Anzug.
„Yuppie[10]!", denkt Benno.

---

9 *jemanden mustern:* jemanden von oben bis unten ansehen
10 *der Yuppie:* englisch für *junger, (finanziell) erfolgreicher Mensch,* vor allem in der Stadt

„Was hatten Sie denn?"

„Zwei Cappuccini und ein englisches Frühstück."

„Das macht 13 Euro 90."

„Bitte schön. Stimmt so."

„Danke. Schönen Tag noch."

Jochen Eckert steckt seine Brieftasche wieder ein und sucht nach seinem Handy.

„Mist! Das Handy liegt im Wagen. – Entschuldigung, könnte ich bei Ihnen kurz telefonieren?"

„Tut mir leid. Unsere Telefonanlage wird gerade repariert. Da geht im Moment leider gar nichts. Aber da, die Straße runter, das zweite Haus, da ist ein kleiner Laden. Da können Sie bestimmt telefonieren."

„Vielen Dank. Ach ja, und wo geht es bitte zum Atelier von Herrn Leo?"

Benno mustert den Mann im Anzug noch einmal.

„Einfach die Treppe rauf."

Gertrude Sommer steht in der Küche und macht Kartoffelpüree.

Sie hat die Kartoffeln gekocht und zerdrückt sie jetzt mit etwas Milch zu einem Brei.

Dann hebt sie den Deckel von einem großen Topf. Im Topf braten Rouladen[11].

Gertrude Sommer sieht auf die Küchenuhr. Gleich halb acht.

Sie probiert das Püree und gibt noch eine kleine Prise Salz dazu.

Sie hört den Schlüssel in der Tür.

„Hallo, Oma! Ich bin's! Oh, riecht das gut!"

Frau Sommers Enkelin Anna kommt aus der Uni.

Anna ist Studentin und wohnt bei ihrer Großmutter.

Nebenbei jobbt sie bei *Leo & Co.* Zurzeit muss sie viel für ihr Studium arbeiten.

Anna hängt ihre Jacke an die Garderobe und bringt ihre Tasche in ihr kleines Arbeitszimmer.

Sie schaltet ihren Computer ein und liest die E-Mails.

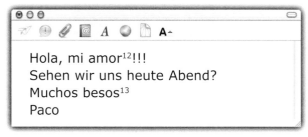

Hola, mi amor[12]!!!
Sehen wir uns heute Abend?
Muchos besos[13]
Paco

---

11 *Rouladen*: typisches deutsches Gericht: gefüllte Rollen aus dünnen Scheiben Fleisch, Kohl oder Fisch
12 *Hola, mi amor*: spanisch für *Hallo, meine Liebe*   13 *Muchos besos*: spanisch für *Viele Küsse*

Anna und Paco sind verliebt. Leider haben die beiden immer viel zu wenig Zeit. Beide studieren und müssen nebenbei Geld verdienen.
„Wir können essen!", ruft Oma Trude aus der Küche.
„Ich komme!"

„Oh! Vornehm geht die Welt zu Grunde[14]."
Anna betrachtet den fein gedeckten Tisch:
Eine weiße Tischdecke, Stoffservietten, das gute Porzellan, das Silberbesteck und in der Mitte brennt eine Kerze.
Alles ein bisschen altmodisch, aber sehr vornehm.

„Ich habe heute beschlossen, dass wir wieder etwas mehr Tisch-kultur pflegen."
„Tischkultur?"
„Ja, ein schön gedeckter Tisch zum Beispiel."
„Aha."
„Das passt auch zu dem feinen Essen: Rouladen mit Kartoffel-püree!"
„Cool[15]!"
„Und deine Sprache darfst du bei dieser Gelegenheit auch gleich ein bisschen anpassen. *Köstlich*, *wunderbar*, oder *herrlich* wäre mal eine nette Abwechslung zu *cool*."

„Ich werde es mir merken, Oma", lacht Anna.
„Und was hat dich heute auf diese Idee ge-bracht?"
„Jetzt essen wir erst mal, sonst wird es kalt. Darf ich dir auftun?"
Anna gefällt dieser altmodische Ausdruck. Sie lächelt und reicht ihrer Oma ihren Teller.

❯Ü7
❯Ü8 „Sehr gern, liebste Großmutter!"

14 *vornehm geht die Welt zugrunde:* ironischer Kommentar zu Luxus und feinen Manieren
15 *cool:* englisch für *super, toll*

„Es schmeckt *köstlich*", lobt Anna.
Die beiden essen und plaudern.
„Heute Vormittag war ich bei Elisabeth und habe ihr im Laden
geholfen."
„Das machst du doch öfter."
„Ja, aber heute war es anders."

„Wieso, ist etwas mit Elisabeth?"

„Nein nein. Aber stell dir vor: Plötzlich kam ein junger Herr in den Laden und hat gefragt, ob er kurz telefonieren dürfte."

„Und was ist daran so besonders?"

„Der junge Mann war soo attraktiv!"

„Oma!"

„Doch! Unglaublich! Weißt du, so wie dieser Schauspieler aus der Kaffeewerbung im Fernsehen. Und Manieren hatte der – exzellent! So richtig alte Schule.[16]"

„Und dann?"

„Nichts. Er hat ein Taxi gerufen, wir haben uns blendend[17] unterhalten und dann ist er weggefahren. Und beim Abschied hat er uns die Hand geküsst!"

◗Ü9

Dring! Dring!

„Oh, mein Handy. Stört es dich, wenn ich drangehe, Oma?"

„Es wirkt schon!", lächelt Frau Sommer.

„Was wirkt schon?", fragt Anna.

„Früher wärst du einfach aufgestanden. Jetzt fragst du ganz höflich!"

Dring! Dring!

12

◗Ü10

„Oma, wir gehen nachher noch zu Veronika. Ist dir das recht?"

„Aber ja, Kind, geht nur."

„Vorher helfe ich dir aber noch in der Küche."

Eine halbe Stunde später sind Anna und Paco bei *Meier & Meier*. Die Werkstatt ist hell erleuchtet.

Sie sehen neugierig durch die Fenster.

---

16 *alte Schule*: hier: *Manieren wie früher*, als Großmutter jung war
17 *blendend*: *sehr gut, ausgezeichnet*

„Hombre[18], das ist ein Auto! Wahnsinn!" Paco ist begeistert.
„Ein Aston Martin", sagt Anna.
„Cariño[19], du kennst dich aber gut aus!", lacht Paco und gibt Anna
einen Kuss.

„Komm!" Anna zieht Paco zur Tür und klingelt bei Veronika.
„Kommt rein! Schön, dass ihr Zeit habt!"
Anna sieht einen Blumenstrauß im Flur. Er steckt noch im Papier,
von einem internationalen Blumenversand.
„Oh, habe ich deinen Geburtstag vergessen?"
Veronika schüttelt den Kopf und lächelt.
„Ah, verstehe, James Bond!", lacht Anna.
„Nein, George Clooney!"
„Cool! Sehen wir uns ein Video an?", fragt Paco.

❯Ü11
❯Ü12

18 *Hombre!* spanischer Ausdruck des Erstaunens oder der Begeisterung, *Mensch! Mann!*
19 *cariño:* spanisch *meine Süße*

4

Am nächsten Tag um halb 12 Uhr kommt Felipe zu *Leo & Co.*.
„Hi, Benno!"
„Hallo, Felipe! Na, kommst du wegen der Telefonanlage?"
„Claro[20], hombre. Ich habe endlich alle Teile. Wart's ab, in einer
Stunde läuft die Anlage."
„Wir werden sehen", grinst Benno.
„Möchtest du einen Kaffee?"
„Nö, lieber eine Cola."
Felipe ist Pacos Cousin. Er ist 17 Jahre alt und geht noch zur
Schule. Aber sehr ungern.
Heute hat er früher Feierabend[21] gemacht. Seit zwei Tagen bastelt
er an einer neuen Telefonanlage für Leo.
Aber noch funktioniert sie nicht.

Benno und Felipe stehen an der Theke und unterhalten sich. Ein
paar letzte Frühstücksgäste sitzen noch im Lokal. Leo ist in der
Küche und bereitet die Gerichte für das Mittagessen vor.
„Benno, kannst du die Tagesgerichte noch an die Tafel schreiben?",
ruft Leo.
„Das macht Anna, sie kommt gleich."
Er sieht zum Eingang.
„Sie ist schon da, Chef!"
Ein Mann im Anzug hält ihr die Tür auf.
„Der schon wieder", sagt Benno leise.

---

20 *claro!*: spanisch für *klar! natürlich*
21 *Feierabend machen:* hier: *früher von der Schule nach Hause gehen, schwänzen*

Felipe guckt auch zum Eingang.

„Oh, George Clooney kommt zum Essen. Welch Glanz in eurer Hütte[22]!" Beide grinsen.

„Guten Tag, die Herren. Könnte ich bitte Leo sprechen?"
„Leo, Kundschaft!", ruft Benno in die Küche.

22 *welch Glanz in eurer Hütte!* Hier: Ironischer Kommentar zum Besuch des gut gekleideten, vornehmen Herrn in Leos Kneipe

Dann begrüßt er Anna.

„Hallo, Anna. Ich mache noch schnell die Frühstücksabrechnung, dann muss ich los."

„Hast du die Tagesgerichte schon angeschrieben?", fragt Anna.

„Nee, mach du das mal. Ich bin wirklich in Eile."

Leo kommt aus der Küche und gibt Anna eine Liste mit den Tagesgerichten.

„Ah, Herr Eckert! Kommen Sie. Sie möchten sicher Ihr Bild abholen."

Leo geht mit Jochen Eckert ins Atelier im ersten Stock.

„Wer ist denn der Schnösel[23]?", will Felipe wissen.

„Keine Ahnung. So ein Wichtigtuer. Der muss Geld haben wie Heu. Er war gestern schon da und hat Leo mal eben schnell ein Bild abgekauft ..."

„... und fährt einen Aston Martin Baujahr 1965", sagt Anna im Vorbeigehen.

„Aber das ist ein Auto für Erwachsene, kennt ihr vermutlich gar nicht."

Anna nimmt Leos Zettel und schreibt die Tagesgerichte an die große Tafel

Ü13 im Lokal.

> Züricher Geschnetzeltes
> Gemüse-Eintopf
> Matjesfilet mit Kartoffeln
> Reibekuchen mit Apfelmus

Felipe schüttelt den Kopf und Benno spekuliert:

„Der ist bestimmt Banker."

„Meinst du? Ich glaube eher, der ist von der Mafia. Sieht aus wie ein Gangster. Obwohl – er hat keine Pistole dabei."

„Woher willst du das denn wissen?"

„Hombre, das sieht man am Anzug."

„Kümmere dich lieber um die Telefonanlage."

„Ja, ja."

23 *Schnösel*: eingebildeter, arroganter Mann

„Fantastisch! Eine tolle Arbeit! Und wie hoch, sagten Sie, ist der Preis?"

„2 400 Euro."

„Ein guter Preis. Ich habe hier eine Anzahlung von 400 Euro. Den Rest überweise ich – oder möchten Sie es lieber bar?"

„Bar ist mir lieber."

„Kein Problem. Ich habe das Geld zwar hier, aber ich muss gleich noch meinen Wagen bei Herrn Meier holen. Ich weiß nicht, wie teuer die Reparatur wird. Könnte ich mal kurz in der Werkstatt anrufen?"

„Unsere Telefonanlage funktioniert immer noch nicht. Aber das ist kein Problem, Herr Eckert. Kommen Sie einfach noch mal vorbei."

„Das ist wirklich sehr freundlich von Ihnen, Leo, danke."

„Keine Ursache. Soll ich das Bild einpacken?"

❯Ü14

5

Veronika hat den Schreibtisch im Büro aufgeräumt.
Die Rechnungen, Quittungen und die Aufträge hat sie in Ordner
abgelegt.
Die Ordner stellt sie in das Regal neben dem Schreibtisch.
„So, erledigt!"
Dann sieht sie auf einen Notizzettel, ihren Tagesplan:

Buchhaltung
Bank
Iris – KiGa[24]
Einkaufen

Das Wort Buchhaltung streicht sie
durch.
„Bank!"
Sie sucht den Umschlag mit dem Bar-
geld. Gestern hat sie es nicht mehr
geschafft, ihn zur Bank zu bringen.
Aber auf dem Schreibtisch ist kein Umschlag.
„Vielleicht hat ihn Paps mit in die Wohnung genommen."
Veronika geht zum Fenster.
Ein Mann mit einem Paket unter dem Arm spaziert in den Hof.
„Oh, Herr Eckert!"
Klaus Meier kommt aus der Werkstatt.
Die beiden Männer begrüßen sich und sprechen freundlich mit-
einander.
„Ich sollte mich für die Blumen bedanken", denkt Veronika.
Aber gerade als sie zur Werkstatt gehen will, fährt der Aston
Martin langsam aus dem Hof.

24 *KiGa*: Abkürzung für *Kindergarten*

●Ü15

17

Veronika hat Iris vom Kindergarten abgeholt, dann hat sie gekocht und um halb zwei hat die ganze Familie Meier zusammen zu Mittag gegessen.

Am Nachmittag geht Veronika mit Iris ins Büro.

Iris hat ihre Puppen Frieda und Paula mitgenommen.

„So, meine Süße, jetzt suchen wir alle zusammen einen Umschlag."

„Was ist ein Umschlag, Mami?"

„Eine Papiertüte, guck mal, so wie diese hier."

Veronika zeigt Iris einen braunen Umschlag.

Iris findet das Spiel lustig. Mit ihren beiden Puppen sucht sie unter dem Schreibtisch, unter dem Regal, im Papierkorb.

Veronika sucht in Schubladen, Schränken, überall.

Sie findet das Spiel nicht mehr lustig.

Am gleichen Abend bei *Leo & Co.*:

„Ich gehe rauf ins Atelier, Anna. Machst du den Laden dicht?"

„Geh nur, Leo. Ich warte noch auf Paco und dann schließe ich ab."

Es ist kurz nach 23 Uhr.

Alle Gäste sind weg, die Tische sind abgeräumt, der Boden ist geputzt.

Anna schaltet die Geschirrspülmaschine ein.

Paco kommt in die Küche:

„Hola, mi amor, bist du fertig?"

„Fix und fertig! Heute bin ich echt müde. Komm, wir gehen."

Anna schaltet die Lichter aus und schließt die Eingangstür ab.

❍Ü16 Aus dem Atelier dröhnt laute Rockmusik.

6

DRRRRRRRING!
Leo wacht auf und nimmt den Telefonhörer.
„Ja, Leo..."
DRRRRRRRRING!
„Hallo?"
Leo legt den Hörer wieder auf und blinzelt: Der Wecker!
Er schaltet den Wecker aus.
„Schon halb neun!"
Schnell steht er auf, zieht seine Hausschuhe an, geht ins Bad und
spritzt sich kaltes Wasser ins Gesicht.
Dann zieht er seinen Morgenmantel an und öffnet seine
Wohnungstür.
„Benno, Benno!", ruft er laut ins Trep-
penhaus. „Aufstehen! Es ist gleich
neun! Beeil dich!"
Es dauert ein paar Minuten, dann steckt
ein verschlafener Benno seinen
Kopf aus der Tür.
„Ich komm' ja schon!"

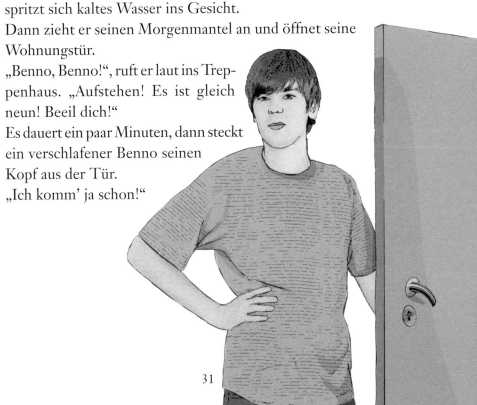

„Hier ist der Autoschlüssel. Du holst die Brötchen und ich mache
inzwischen Kaffee. Und bring bitte ein paar Eier mit. "
„Mach' ich, ich muss mich nur noch schnell anziehen."
Leo geht runter ins Erdgeschoss.
Unter seinen Hausschuhen knirscht es.
Leo sieht auf den Boden.
„Glasscherben?"

Dann sieht er die zerbrochene Scheibe an der Tür zum Hof.
Er versucht, die Tür zu öffnen, aber sie ist verschlossen. Der
Schlüssel steckt.
„Merkwürdig ..."
Benno poltert die Treppe herunter.
„Was ist los?"
„Ich glaube, bei uns hat jemand einge-
brochen."
„Das ist nicht dein Ernst!"
„Doch! Sieh mal hier!
Jemand hat das Fens-
ter eingeschlagen
und dann die Tür
aufgesperrt."

●Ü17

20

Leo und Benno gehen leise in die Küche.
Leo sieht sich um, dann gibt er Benno ein großes Messer.
Er selbst nimmt ein Nudelholz.
Sie hören ganz deutlich leise Schritte im Lokal.
Vorsichtig schleichen beide zur Theke.

Anna zieht ihre Jacke aus und hängt sie über einen Stuhl.
Dann schaltet sie die Kaffeemaschine ein.
Im Haus ist es noch ruhig.
Sie sieht auf die Uhr: „Schon Viertel vor neun. Wo Leo nur
bleibt?"
Dann hört sie ein leises Geräusch aus der Küche.
Sie geht zur Theke.

„Um Gotteswillen, habt ihr mich erschreckt! Spielt ihr Indianer?"

„Anna?"

„Wer sonst? Es ist gleich neun. Die ersten Gäste kommen bald. Was macht ihr eigentlich?"

„Wir suchen den Einbrecher."

„Was für einen Einbrecher?"

„Heute Nacht hat jemand bei uns eingebrochen."

„Die Kasse!", ruft Benno.

Alle drei gehen zur Theke und öffnen die Kasse.

„Hm, alles noch da. Geld hat er wohl nicht geklaut[25]", murmelt Leo.

„Meine Bilder! Ich muss sofort ins Atelier."

„Und zieh dir was an", lacht Anna.

Eine halbe Stunde später sitzen mehrere Gäste bei *Leo & Co.* und frühstücken.

Anna, Benno und Leo stehen in der Küche.

„Und? Fehlt was im Atelier?", fragt Benno.

„Nein. Sogar die 400 Euro von Herrn Eckert liegen noch auf dem Tisch."

„Eckert! Der Schnösel!", ruft Benno.

„Was meinst du damit? Du willst doch nicht Eckert verdächtigen[26]! Warum soll der bei uns einbrechen?"

„Hat er eigentlich dein Bild schon bezahlt?"

„Nicht wirklich. Er hat 400 Euro anbezahlt und den Rest ..."

Leo führt den Satz nicht zu Ende.

„Anna, kann ich mal dein Handy haben? Ich rufe Klaus an!"

❱Ü18
❱Ü19

---

25 *klauen*: ugs. für *stehlen*
26 *verdächtigen*: denken, eine andere Person hat ein Unrecht getan

Leo geht mit Annas Handy ins Treppenhaus.
Nach einer Minute kommt er zurück in die Küche.
„Das war aber ein kurzes Telefonat."
„Klaus kommt gleich vorbei. Er versucht, die Telefonnummer von diesem Eckert rauszukriegen."
„Und was ist mit der Polizei?", fragt Benno.
„Keine Polizei! Es ist doch nichts gestohlen!"
„Dann kann ich ja die Scherben wegräumen."
„Ja, mach das. Immer gleich die Polizei rufen", schimpft Leo.

„Hier hat jemand die Scheibe eingeschlagen und dann aufgesperrt."

„Lasst ihr den Schlüssel immer stecken?", fragt Klaus.

„Klar. Wir gehen alle durchs Lokal ins Haus."

„Und es fehlt überhaupt nichts?"

„Bis jetzt noch nicht. An der Kasse war niemand und im Atelier
fehlt wahrscheinlich auch nichts. Da liegen sogar ganz offen die
400 Euro vom Eckert."

„Ich habe vorhin bei Herrn Wagner angerufen."

„Wer ist Herr Wagner?", fragt Leo.

„Herr Wagner ist ein Kunde von uns. Der hat Eckert wohl unsere
Werkstatt empfohlen."

„Und?"

„Er hat sich für Eckert verbürgt[27]. Absolut seriöser Geschäftsmann.
Tadelloser[28] Ruf. Und er hat mir eine Telefonnummer gegeben."

„Komm, jetzt trinken wir erst mal einen Kaffee. Ich muss zurück
ins Lokal. Benno ist noch beim Einkaufen."

„Was ich dich noch fragen wollte, Klaus, hat Herr Eckert die
Reparatur eigentlich schon bezahlt?"

„Nein. Er hat gestern den Wagen abgeholt und will das Geld
überweisen. Warum fragst du?"

„Na ja, er hat gestern ein Bild bei mir gekauft. Er hat 400 Euro
anbezahlt und den Rest bekomme ich ebenfalls bar. Ein bisschen

---

27 *sich für jemanden verbürgen: für jemanden garantieren*
28 *tadellos: ohne Fehler*

seltsam ist, dass er das Geld aber dabei hatte. Nur wollte er zuerst die Reparatur bei dir in der Werkstatt bezahlen. So hat er das zumindest erklärt. Ich wollte dich auch gleich anrufen, aber unsere Telefonanlage funktioniert immer noch nicht!"

„Und du meinst, der Eckert ist ein fauler Kunde?[29]"

„Noch meine ich gar nichts. Und du?"

„Hm, also, komisch ist das schon. Dieser Eckert kam vorgestern am Vormittag ins Büro. Ich war gerade unterwegs und Veronika war allein. Dann sind die beiden zu dir gegangen ..."

„Ich weiß."

„Veronika geht eigentlich nicht mit Kunden Kaffee trinken. – Naja. Jedenfalls fehlt seitdem bei uns ein Umschlag mit viereinhalbtausend Euro."

29 *ein fauler Kunde:* ugs. für *ein Kunde, der seine Rechnungen nicht bezahlt*

„Oh je! Da kommt mittlerweile einiges zusammen: Viereinhalbtausend bar, eine nicht bezahlte Reparatur und vielleicht ein
unbezahltes Bild."
„Nur das mit dem Einbruch verstehe ich nicht."
„Ich auch nicht. Möchtest du noch einen Kaffee?"
„Nein danke. Wo habe ich denn die Nummer? Ich ruf'
da jetzt einfach mal an."

❯Ü20

Klaus steht auf und geht zur Theke.
„Klaus, bei mir kann man zur Zeit nicht
telefonieren", ruft Leo. „Felipe muss
das erst fertig machen ..."
Aber Klaus steht schon an der Theke
und hebt den Telefonhörer ab.
„Tuuuuuuut!"
„Es geht doch! Ich habe ein Freizeichen."

25

❯Ü21

Mittlerweile ist es elf Uhr.

In der Kneipe sitzen Leo, Klaus und Benno und diskutieren.

„Mir war dieser Schnösel gleich verdächtig. Solche Typen gibt's nur im Kino."

„Du und deine Menschenkenntnis!", schimpft Leo.

„Vielleicht sollten wir doch die Polizei anrufen", sagt Klaus.

„Meine Rede[30]! Ich wollte das heute Morgen schon tun! Aber Leo wollte nicht."

„Vielleicht ist alles nur ein Missverständnis."

„Ach! Ein verschwundener Umschlag mit Bargeld, ein unbezahltes Bild und eine unbezahlte Reparatur, da kommt einiges zusammen. Und die Adresse ist auch falsch!"

Klaus und Leo sagen nichts.

„Am Ende ist sogar das Auto geklaut! Was kostet denn so ein James-Bond-Auto?"

Benno und Leo sehen Klaus an.

„Das kann man so nicht sagen. Für solche Autos werden Liebhaberpreise bezahlt ..."

„Aber irgendeine Zahl kannst du doch nennen?"

„Hm, ein paar Hunderttausend ..."

„Wie bitte? So ein Auto kostet ein paar Hunderttausend Euro? Ich glaub's ja nicht!"

30 *meine Rede:* ugs. für *das sage/meine ich auch*

„Doch, doch. Diese Autos sind sehr selten. Da zahlen manche Leute jeden Betrag."

„Also geklaut!", stellt Benno fest.

„Nein, das glaube ich nicht. So ein Auto klaut man nicht, das fällt doch überall auf."

„Und jetzt? Irgend etwas müssen wir doch tun!"

Leo sieht zur Uhr im Lokal.

„Mensch, Benno, wir müssen in die Küche. Um zwölf kommen die Gäste zum Mittagessen!"

„Ich gehe dann auch mal. Vielleicht komme ich später mit Veronika und Iris zum Mittagessen, obwohl mir der Appetit eigentlich vergangen ist."

„Kommt doch. Bis dahin überlegen wir uns, was wir machen."

Leo und Benno gehen in die Küche und Klaus Meier geht in seine Werkstatt.   ❯Ü22

Eine Stunde später sind viele Tische im Lokal besetzt. Auch Trude Sommer und ihre Freundin Elisabeth Neumann machen heute ihre Mittagspause bei *Leo & Co.*

„Sie haben heute aber keine gute Laune, Leo!", stellt Elisabeth Neumann fest.

„Sieht man das?"

„Ja! Ich sehe so was auf den ersten Blick!"

„Elisabeth ist berühmt für ihre Menschenkenntnis!", sagt Trude Sommer.

„Was darf ich den Damen denn bringen?"

„Ich nehme den Gemüseauflauf und einen Saft."

„Gern. Und was möchten Sie, Frau Neumann?"

„Ich nehme das Gleiche!"

Kurze Zeit später bringt Leo das bestellte Essen.

„Zweimal Gemüseauflauf und zweimal Apfelsaft. Guten Appetit!"

„Ach, sagen Sie, Leo, war der attraktive Gentleman von neulich mal wieder da?", fragt Elisabeth Neumann.

Auf Leos Stirn bildet sich eine tiefe Falte und sein Blick wird finster.

„Oh, oh, ich glaube, jetzt bist du in ein Fettnäpfchen[31] getreten, liebe Elisabeth!"

„Wieso? Du hast doch selbst gesagt, solche Männer gibt es heute gar nicht mehr, die ..."

„Elisabeth!"

„Oh, sieh mal! Da kommt er ja!"

Trude Sommer und Elisabeth Neumann sehen erfreut, wie Jochen Eckert das Lokal betritt.

„Wenn man vom Teufel spricht[32] ...", murmelt Leo und geht eilig in die Küche.

31 *in ein Fettnäpfchen treten:* hier: etwas sagen oder ein Thema ansprechen, das einer anderen Person sehr unangenehm ist
32 *Wenn man vom Teufel spricht, dann kommt er:* Sprichwort: *Wenn man von jemandem spricht, dann kommt er in genau diesem Moment*

9

„Benno?"

Keine Antwort.

Leo ruft noch einmal. Aber so leise, dass man es im Lokal nicht hört:

„Benno!"

Im gleichen Moment kommt Benno mit einer Kiste Saft vom Hof.

„Da bist du ja! Er ist da!"

„Wer ist da?"

„Eckert ist gerade gekommen. Er sitzt am Tisch von Trude und Elisabeth."

Benno stellt die Kiste ab und späht vorsichtig aus der Küche ins Lokal.

„Der traut sich was[33]! Und was machen wir jetzt?"

„Keine Ahnung. Ich rufe Klaus an."

„Die Anlage funktioniert doch nicht."

„Doch, Klaus hat heute Morgen telefoniert."

„Was? Wann soll Felipe die Anlage denn repariert haben?"

„Weiß ich nicht. Aber sie geht jedenfalls."

Leo wählt die Nummer von Klaus Meier.

„Mensch, nimm schon ab!" Er ist ungeduldig.

„Probier's doch mal in der Wohnung. Vielleicht sind sie beim Essen", schlägt Benno vor.

Dann blickt er wieder ins Lokal.

„Jetzt wird es spannend!

33 *der traut sich was!*: ugs. für *der hat aber Mut!*

Leo legt den Telefonhörer auf.

„Was ist los?"

„Gerade ist Familie Meier gekommen: Klaus, Veronika und Iris."

„Und?"

„Sie gehen zum Tisch vom Schnösel."

„Komm, Benno! Jetzt wollen wir dem Herrn mal auf den Zahn

⊙Ü23 fühlen[34]!"

„Ach, der Herr Eckert! Sie wollen wohl Ihre Schulden zahlen?"

Leo steht drohend vor Jochen Eckert.

„Leo! Guten Tag! Was ist denn ..."

„Zahlen schafft Frieden!", schimpft Leo weiter.

Die ausgestreckte Hand von Jochen Eckert ignoriert er.

Und warum Klaus seinen Zeigefinger auf den Mund legt, versteht er auch nicht.

Gerade will Benno auch noch seine Meinung zu attraktiven Herren mit James-Bond-Autos loswerden, da geht die Eingangstür auf.

Felipe kommt mit einer kleinen Fensterscheibe.

30
⊙Ü24

Leo und Benno sind sprachlos.

Klaus hat sich am schnellsten von der Nachricht erholt und fängt schallend an zu lachen.

Auch Herr Eckert schmunzelt.

34 *jemandem auf den Zahn fühlen: jemanden genau prüfen*

„Es wäre mir ein Vergnügen Sie einzuladen, junger Mann. Kommen Sie doch nachher an unseren Tisch."

Irritiert sieht Felipe Jochen Eckert an.

„Klar, Mann, mach' ich. Aber erst die Arbeit, dann das Vergnügen."

„Leo", Herr Eckert versucht noch einmal eine Versöhnung, „reicht es, wenn ich nach dem Essen zu Ihnen ins Atelier komme, um *Frieden zu schaffen?*"

„Äh, ja, ja, klar, natürlich ..."

„Dann würden wir gerne bestellen. Was können Sie denn empfehlen?"

Alle unterhalten sich bestens.

Veronika erzählt, wo sie den Umschlag mit dem Bargeld gefunden hat, Klaus und Jochen Eckert sprechen über Oldtimer.

Und Elisabeth Neumann flüstert ihrer Freundin zu:

„Ach, Trude, wenn wir zwanzig Jahre jünger wären ..."

„Vierzig, Elisabeth. Vierzig!"

ENDE

KAPITEL 1

1 Sammeln Sie Informationen aus dem Text und notieren Sie.

Veronika Meier

_____

Klaus Meier

_____

Ralf

_____

_____

_____

2 Lesen Sie den letzten Abschnitt noch einmal. Was bedeuten die Wörter und Wendungen? Ordnen Sie zu.

1. verlegen   A schnell
2. hastig   B Ich möchte Ihnen keine
                                     (zusätzliche) Arbeit machen.
3. Bitte machen Sie sich keine   C schüchtern und ein bisschen
    Umstände!   irritiert

KAPITEL 2

3 Was wissen Sie über Jochen Eckert und Leo? Ergänzen Sie die Tabelle in Übung 1.

4a Sehen Sie das Bild auf Seite 16 an. Was ist passiert?

Ich glaube, ...

Veronika ...

Herr Eckert ...

Wahrscheinlich ...

4b Was kann man in so einer Situation sagen?

5 Wer ist Benno?

_____

8

6a Hören Sie und antworten Sie.

Wo sind die Personen?_____

Was macht Herr Eckert ganz spontan? _____

_____

8

6b Hören Sie noch einmal und ergänzen Sie.

„Hallo? Hallo, Herr Leo?"
„Kommen Sie rein!"
„Darf ich?"

„_____ Sie einfach _____".

„Toll! _____ toll!"

„Ich muss schon sagen, Ihre _____

gefallen mir _____ gut!"
„Danke, danke."
„Sagen Sie, Herr Leo, ..."

„Sagen Sie einfach Leo, _____ ‚Herr' So nennen mich alle."

49

„Sagen Sie, Leo, welche Galerie vertritt Sie hier in der _____?"

„Keine. Ich stelle ab und zu mal aus. Aber meine _____

verkaufe ich _____ aus dem Atelier."

„Hm, verstehe."

„Hier habe ich ein ähnliches Bild wie unten im Lokal, nur etwas

_____."

„Sehr schön! Gefällt mir sehr gut! Darf ich nach dem _____

fragen?"

„Moment. _____."

„Guter Preis! Ich _____ die Arbeit gern _____."

„Na dann – wollen Sie das Bild gleich _____?"

„Hm, ich habe gleich einen _____. Aber ich kann

das Bild mitnehmen, wenn ich meinen _____ aus der

_____ hole. Ist das in Ordnung für Sie?"

„Klar. Ich erfahre ja von Klaus, wann Ihr Wagen _____ ist."

„Klaus?"

„Klaus Meier ist mein _____."

„Ach ja, seine reizende Tochter habe ich ja bereits _____

_____. Leo, ich fürchte, ich muss jetzt los. Ich muss mir

noch ein Taxi _____."

„Unsere Telefonanlage funktioniert gerade
nicht, aber bei Elisabeth Neumann können

Sie bestimmt _____.

Das ist hier gleich die _____
runter."

„Danke. Und bis bald, Leo!"

KAPITEL 3

7 Schreiben Sie ein paar Sätze über Anna und Gertrude Sommer: Beziehung, Wohnsituation, ...

8 Was ist für Sie „Tischkultur"? Ist Ihnen ein schön gedeckter Tisch wichtig?

9a Was hat Oma Trude an dem Herrn im Laden von ihrer Freundin Elisabeth gefallen?

☺_____

☺_____

☺_____

9b Wer war der Herr?

_____

10a Richtig oder falsch? Hören Sie und kreuzen Sie an.

	R	F
1. Anna isst gerade zu Abend.	☐	☐
2. Anna und Veronika verabreden sich bei Leo.	☐	☐
3. Veronika lädt Anna und Paco zu sich nach Hause ein.	☐	☐
4. Veronikas Vater ist cool.	☐	☐
5. Er repariert gerade das Auto von George Clooney.	☐	☐

12

10b Was passt? Ergänzen Sie. Hören Sie dann noch einmal und vergleichen Sie.

> Bis gleich, ich freu mich! • Rouladen mit Kartoffelpüree. •
> Der Typ sieht aus wie George Clooney. • Oma hat gekocht. •
> Ich kann leider nicht weg. • Er repariert einen alten Aston Martin. •
> Komm doch mit!

„Hallo, Veronika!"

„Hallo, meine Liebe. Was machst du heute Abend noch?"

„Keine Ahnung. Wir essen gerade erst zu Abend. _____

_____"

„Was gibt es denn?"

„_____"

„MMMMh!"

„Vielleicht treffe ich nachher noch Paco und wir gehen zu Leo auf ein

Glas Wein. _____!"

„Wollt ihr nicht zu uns kommen? Ein Glas Wein bekommt ihr bei mir

auch. _____."

„Ist Klaus nicht da?"

„Doch. Aber er ist in der Werkstatt. _____

_____. Das coolste Auto, das ich je

gesehen habe. Und der Besitzer – ich sag' nur: George Clooney!"

„James Bond, meine Liebe! James Bond fährt in seinen Filmen einen

Aston Martin."

„_____"

„Dann gibt's ja einiges zu erzählen. In einer halben Stunde, o.k.?"

„_____"

11 Warum hat Veronika einen Blumenstrauß von Herrn Eckert bekommen?

_____

_____

12 Welches Auto finden Sie „cool"?
Notieren Sie.

_____

KAPITEL 4

13 Was meint Benno mit „Der muss Geld haben wie Heu"?

_____

14 Welche Eigenschaften hat Jochen Eckert? Sammeln Sie: Aussehen, Kleidung, Benehmen, ...

KAPITEL 5

15a Wie viel Geld fehlt im Büro von *Meier & Meier*? Hören Sie und notieren Sie.

Es fehlen _____ Euro.

15b Ergänzen Sie die Verben in der richtigen Form. Hören Sie dann noch einmal und vergleichen Sie.

„_Ist_____ (sein) er schon weg?"
„Ein sympathischer Mensch!"

„Ich wollte mich doch für die Blumen _____ (bedanken)."

„An wen _____ (erinnern) er mich bloß?"

„Clooney!"
„Wie bitte?"

„Er _____ (erinnern) dich bestimmt an den Schauspieler George Clooney."
„Genau! Der Typ von der Kaffeewerbung!"

„Du Paps, _____ (haben) du den Umschlag mit dem Bargeld aus dem Büro _____ (holen)?"
„Welchen Umschlag?"

„Na ja, ich _____ (haben) gestern die Bareinnahmen von den letzten Tagen abgerechnet und in einen Umschlag _____ (stecken). Nur zur Bank hab' ich's nicht mehr _____ (schaffen)."

„Der _____ (liegen) bestimmt unter dem Papierchaos im Büro."

„Eben nicht. Ich hab' heute _____ (aufräumen) und der Umschlag ist weg."

„Das _____ (können) doch nicht sein. _____ (suchen) noch mal richtig."

„Ja, mach' ich. Aber zuerst _____ (müssen) ich Iris vom Kindergarten abholen und _____ (einkaufen)."

„Wie viel _____ (sein) denn drin?"
„Über viereinhalbtausend Euro."

„Aber es _____ (sein) doch niemand im Büro."
„Doch! Herr Eckert!"

16 Welche Erklärungen passen? Lesen Sie die letzten beiden Abschnitte noch einmal und kombinieren Sie.

1. Machst du den Laden dicht?   A Ich bin erschöpft.
2. Ich bin fix und fertig.   B Schließt du die Tür ab?
3. Ich bin echt müde.   C Ich bin wirklich müde.

KAPITEL 6

17a Wo waren Leo und Benno, als eingebrochen wurde? Hören
Sie und notieren Sie.

17b Bringen Sie die Textblöcke in die richtige Reihenfolge und
nummerieren Sie. Hören Sie dann noch einmal und vergleichen Sie.

_1_ „Wir müssen die Polizei anrufen!"
„Warte mal. Irgendwas ist merkwürdig."

___ „Hm, so gegen zwei."
„Und da hast du nichts bemerkt?"
„Ich bin durchs Lokal reingegan-
gen und danach gleich ins Bett."

___ „Meine Bilder!"
„Zuerst die Kasse. Komm, wir
sehen gleich mal nach. Und dann
rufen wir die Polizei."
„Komm!"

___ „Wieso?"
„Die Tür war wieder abgesperrt.
Ein Einbrecher sperrt doch nicht
hinter sich wieder ab? Oder?"

___ „Psst! Hör mal!"
„Ich hör' nichts."
„Hörst du?"

___ „Vielleicht wollte er, dass man den Einbruch nicht gleich bemerkt?"
„Dann hätte er die Scherben weggeräumt. Wann bist du eigentlich heute Nacht nach Hause gekommen?"

___ „Nein, die Musik war ziemlich laut."
„Die Kasse!"

_9_ „Ja. Das Geräusch kommt aus dem Lokal."
„Ich glaube, der Einbrecher ist noch da."
„Komm! Aber sei leise!"

___ „Und ich hab' noch bis eins im Atelier gearbeitet."
„Hast du auch nichts gehört?"

18 Was hat der Einbrecher wohl gesucht? Was wollte er in Leos Kneipe? Sammeln Sie Ideen.

> Das ist wirklich seltsam. Aber ...
> Vielleicht ...
> Oder ...

19 Ist Herr Eckert wirklich verdächtig? Was meinen Sie? Suchen Sie Argumente für ihn und gegen ihn.

> Pro: Contra:

KAPITEL 7

20 Lesen Sie Kapitel 7 noch einmal bis hier. Markieren Sie im Text alle Informationen zu Herrn Eckert und ergänzen Sie die Pro-Contra-Liste in Übung 19.

21a Richtig oder falsch? Hören Sie und kreuzen Sie an.

                                                               R   F

1. Klaus telefoniert mit Herrn Eckert. ☐ ☐
2. Frau Wohlfahrt kennt Herrn Eckert nicht. ☐ ☐
3. Die Frau hat eine andere Telefonnummer und die neue Adresse von Herrn Eckert. ☐ ☐

21b Hören Sie noch einmal und ergänzen Sie die Sätze.

> Auf Wiederhören. • Kann ich bitte Herrn Eckert sprechen? •
> Warten Sie mal, bitte. • Kenn ich nicht. •
> Jochen wohnt schon lange nicht mehr hier. •
> wir haben leider keine Telefonnummer von Jochen. • Tut mir leid.

„Wohlfahrt."

„Guten Tag, Frau Wohlfahrt. Mein Name ist Meier, Klaus Meier,

von der KFZ Werkstatt *Meier & Meier*. _____

_____ "

„Wen?"

„Herrn Eckert. Jochen Eckert."

„_____ "

„Ähm, ich habe die Nummer von einem Bekannten."

„_____ – Cordula, kennst du einen

Jochen Eckert? – Hören Sie? _____

_____ "

„Wissen Sie vielleicht, wie ich ihn erreichen kann?"

„Hast du eine Nummer von ihm? – Nein, Herr Meier, _____

_____ "

„Auch keine Adresse?"

„Ich sagte doch, er wohnt schon ewig nicht mehr hier. Wir haben

keine Adresse, keine Telefonnummer, nichts. _____

Ich kann Ihnen leider nicht helfen."

„Trotzdem danke. _____ "

KAPITEL 8

22 Was können/müssen Klaus, Leo und Benno tun? Geben Sie Tipps.

Sie können/müssen ...

Also, ich würde ...

Schwieriger Fall. Ich weiß es auch nicht.

KAPITEL 9

23 Was glauben Sie, was passiert jetzt? Notieren Sie Ideen.

24a Wer ist der Einbrecher? Hören Sie und notieren Sie.

_____ ist der Einbrecher.

24b Wer? Was? Warum? Hören Sie noch einmal und notieren Sie Stichwörter.

Wer?

Was?

Warum?

24c Ergänzen Sie die Sätze.

Die Fensterscheibe ist für _____.

Felipe konnte nicht anrufen, weil _____.

Er hat gerufen, aber _____.

Felipe wollte die Telefonanlage vor der Schule fertig machen, deshalb

_____.

Felipe hofft, dass _____.

Als Belohnung möchte er _____.

A KNIGGE

Meist beruft man sich auf ihn, wenn man Benimmregeln ausruft. Regeln wie z.B.: Wer grüßt wen zuerst? Wie hält man das Weinglas richtig? Wie isst man korrekt Bananen? Wie benimmt man sich bei einem Vorstellungsgespräch oder in einem Restaurant? Sind Socken in Sandalen wirklich so furchtbar? Welche Schuhe trägt man zu welchem Anzug? Darf man beim Essen *Guten Appetit* wünschen oder katapultiert man sich damit ins gesellschaftliche Aus und ist schlagartig unten durch[1]?

Wichtige Fragen. Für praktische Lebenshilfe in solch schwierigen Situationen sorgen denn auch unzählige Bücher, Seminare, Filme, Webseiten, Ratgeber und genau so viele Benimm-Experten und -Expertinnen. Benimm ist wieder in. Der alte Knigge auch.

1 Spielen Sie Benimm-Experte/-Expertin. Wählen Sie eine Frage aus dem Text und antworten Sie.

_____

_____

_____

2 Welche Frage würden Sie einem Benimm-Experten stellen?

_____

_____

_____

1 *schlagartig unten durch sein*: ugs. *schlagartig: wie ein Schlag, sehr schnell*;
   unten durch sein: man möchte mit jemandem nichts mehr zu tun haben

Zu Fragen, ob man zur dunklen Hose denn nun weiße Socken tragen darf oder Pralinen als Geschenk für einen Herrn okay sind, hat Freiherr Adolph Franz Friedrich Ludwig Knigge (1752 bis 1796), kurz *Knigge* genannt, sich allerdings nicht geäußert. Und wer nicht weiß, ob man sich mit der Kaffeetasse zuprosten darf oder nicht

oder in welchen Ausnahmefällen vielleicht doch, findet bei ihm ebenfalls keinen Rat. Knigges Schrift heißt schlicht

Über den Umgang mit Menschen. Sie ist 1788 erschienen und eine Sammlung von Beobachtungen, Erfahrungen und Gedanken darüber, wie das menschliche Miteinander gestaltet werden kann.

Dieses Miteinander soll auf der Basis von Takt, Höflichkeit, Respekt, Verständnis und Toleranz angenehm sein. Das Wichtigste jedoch: Jeder fängt bei sich selbst an. Die Frage ist also nicht: Was erwarte ich von anderen? Die große Frage ist: Was kann oder muss ich selbst tun oder lassen, um anderen ein angenehmer Partner zu sein.

3 Was ist das Thema in Knigges berühmtem Buch?

_____

4 Was ist für Knigge die wichtigste Regel im Umgang mit Menschen? Markieren Sie im Text.

5 Was macht Sie zu einem angenehmen Partner? Notieren Sie Ihre Pluspunkte.

Knigge: Über den Umgang mit Menschen und über den Umgang mit sich selbst. Eine Auswahl

1. Sei nicht gar zu sehr ein Sklave der Meinungen anderer von Dir. Sei selbständig!

2. Gib nicht die Arbeit und den Erfolg anderer als Deine eigenen aus.

3. Rühme auch nicht zu laut Deine glückliche Lage.

4. Sei streng, pünktlich, ordentlich, arbeitsam, fleißig in Deinem Berufe!

5. Interessiere Dich für andere, wenn du willst, daß andre sich für Dich interessieren sollen!

6. Trage nicht aus einem Hause in das andere vertrauliche Nachrichten.

7. Bescheidenheit ist eine der liebenswürdigsten Eigenschaften.

8. Man zerstöre keines Menschen Glückseligkeit. Man verleumde niemand.

9. Lerne Widerspruch ertragen.

10. An Orten, wo man sich zur Freude versammelt, beim Tanze und dergleichen, mache anderen keine schlechte Laune.

11. Kümmere Dich um den Armen, wenn Dir die Mittel gegeben sind, seine Not zu erleichtern.

12. Man lasse jedem die Freiheit in Meinungen, die wir selbst verlangen.

13. Man muss so wenig als möglich die Leute in Verlegenheit[2] bringen.

14. Ich rate, um glücklich zu leben und andre glücklich zu machen, in dieser Welt so wenig als möglich zu erwarten und zu fordern.

15. Beurteile Menschen nicht nach dem, was sie reden, sondern nach dem, was sie tun.

16. Gehe nie schiefe Wege und vertraue dann sicher auf gute Folgen, auf Gottes Beistand[3] und auf Menschenhilfe in der Not.

17. Sorge für die Gesundheit Deines Leibes und Deiner Seele.

18. Respektiere Dich selbst, wenn Du willst, daß andre Dich respektieren sollen.

19. Beherrsche Deine Begierde[4] zu herrschen und eine glänzende Hauptrolle zu spielen.

20. Sei Dir selber ein angenehmer Gesellschafter. Mache Dir keine Langeweile, das heißt, sei nie ganz müßig[5]!

---

6 Welchen Aussagen stimmen Sie zu? Kreuzen Sie an.

7 Welcher Rat gefällt Ihnen am wenigsten?

---

2 *die Verlegenheit*: hier *unangenehme Situationen*
3 *der Beistand: die Hilfe*

4 *die Begierde: starker Wunsch, Verlangen*
5 *müßig sein: nichts tun*

B FRÜHER WAR ALLES BESSER

„Die Jugend liebt heute den Luxus. Sie hat schlechte Manieren, verachtet die Autorität, hat keinen Respekt mehr vor älteren Leuten und diskutiert, wo sie arbeiten sollte. Die Jugend steht nicht mehr auf, wenn Ältere das Zimmer betreten. Sie widerspricht den Eltern und tyrannisiert die Lehrer."

8 **Was glauben Sie, wer hat das gesagt? Kreuzen Sie an.**

☐ Ein Unternehmer im Jahr 2010, der sich über die Arbeitsmoral der Lehrlinge in seiner Firma beschwert.

☐ Ein Schuldirektor, der 2008 Sozialarbeiter zur Unterstützung seiner Lehrkräfte engagiert.

☐ Wahrscheinlich ältere Leute, die denken, dass früher sowieso alles besser war.

☐ Der Philosoph Sokrates, im 5. Jahrhundert vor Christus.

9 **Sammeln Sie Wörter und Gedanken zu den Bildern. Geben Sie den Bildern einen Titel.**

_____ _____

C EIN PAAR MANIEREN KÖNNEN NICHT SCHADEN

Das tut man nicht, hören Kinder oft von ihren Eltern. Setz dich ordentlich hin. Man redet nicht mit vollem Mund. Danke sagt man da. Oder einfach: Benimm dich! Und tatsächlich wird das Leben in jeder Beziehung leichter, wenn man die Grundregeln guten Benehmens beherrscht. Jugendliche auf der Suche nach einer Lehrstelle haben wenig Chancen, wenn ihnen die notwendigen Basiskenntnisse fehlen. Der oder die erschreckt mir ja die Kunden, fürchten die Chefs. Wer immer sich um einen Job bewirbt, gute Manieren sind Pflicht.

Die Anforderungen an die Umgangsformen steigen mit dem Job. Je höher, desto feiner. Wer hier nicht punkten kann, hat es schwer.

Die ersten drei Sekunden entscheiden über Sympathie oder Antipathie, wissen Psychologen, und Aufstiegschancen hängen zu 90 % vom persönlichen Auftreten ab. Nur 10 % machen Wissen, Können und bisherige Leistungen aus. Das Auftreten ist wichtiger als alle Zeugnisse. Es gibt ihn wohl wirklich, den alles entscheidenden ersten Eindruck. Wer Erfolg haben möchte, muss an sich arbeiten. Arbeitet man im Ausland, sollte man sich selbstverständlich auch mit den dortigen Regeln vertraut machen. Fettnäpfchen und Fallen gibt es viele. Essenseinladungen im Rahmen einer Bewerbung sind z. B. nicht so sehr als nettes Zusammensein mit dem Personalchef gedacht, man will einfach sehen, wie sich die Bewerber benehmen.

In Top-Positionen ist die Herkunft entscheidend. 51,7 % vor allem der Top-Manager, aber auch der Politiker in Deutschland, kommen aus dem Großbürgertum. Etwa 0,5 % der Bevölkerung gehören dieser Schicht an. 33 % kommen aus dem gehobenen Bürgertum. Sein Anteil an der Bevölkerung beträgt cirka 2,5 %. D.h. über 80 % der wirtschaftlichen und politischen Elite des Landes stammt aus der obersten Gesellschaftsschicht. Ihr Anteil an der Gesamtbevölkerung: 3 %. Die sozialen Aufsteiger in den obersten Chefetagen machen einen Anteil von 15 % aus. Forschungen zeigen, dass diese Zahlen seit mindestens 1970 unverändert sind. In Italien, Spanien, Frankreich, Großbritannien und in den USA sind die Zahlen ähnlich.

10 Welchen Spruch haben Sie von Ihren Eltern oft gehört?

_____

11 Wo steht das? Suchen Sie die Informationen im Text und markieren Sie.

Die Anfänge guten Benehmens lernen die meisten schon als Kind.

Im Berufsleben sind gute Umgangsformen wichtig.

Ob man einen Job bekommt oder Karriere macht, hängt nicht zuerst von den Zeugnissen ab.

Wenn Top-Positionen besetzt werden, spielt die soziale Herkunft der Kandidaten eine sehr große Rolle.

85 % der obersten Chefs in Unternehmen gehören der obersten Gesellschaftsschicht an.

Übersicht über die in dieser Reihe erscheinenden Bände:

Stufe 1 ab 50 Lernstunden

Gebrochene Herzen	64 Seiten	Bestell-Nr. **49745**
Die Neue	64 Seiten	Bestell-Nr. **49746**
Schwere Kost	64 Seiten	Bestell-Nr. **49747**
Der 80. Geburtstag	64 Seiten	Bestell-Nr. **49748**
Miss Hamburg	64 Seiten	Bestell-Nr. **46501**
Das schnelle Glück	64 Seiten	Bestell-Nr. **46502**

Stufe 2 ab 100 Lernstunden

Schöne Ferien	64 Seiten	Bestell-Nr. **4974**
Der Jaguar	64 Seiten	Bestell-Nr. **49750**
Große Gefühle	64 Seiten	Bestell-Nr. **49752**
Unter Verdacht	64 Seiten	Bestell-Nr. **49753**
Liebe im Mai	64 Seiten	Bestell-Nr. **46503**
Der Einbruch	64 Seiten	Bestell-Nr. **46504**

Stufe 3 ab 150 Lernstunden

Stille Nacht	64 Seiten	Bestell-Nr. **49754**
Leichte Beute	64 Seiten	Bestell-Nr. **49755**
Hinter den Kulissen	64 Seiten	Bestell-Nr. **46505**